너는 커서 뭐 될래?

임지형 글·영민 그림

노란상상

 **차례**

너는 커서 뭐 될래? ⋯ 6

내 장래 희망이 어때서? ⋯ 14

꿈은 공짜야! ⋯ 24

우리 할아버지는 바리스타! ⋯ 32

쓰레기 치우는 사람이 없다면? ⋯ 43

 솜씨 좋은 세탁소 아주머니 ⋯ 52

내가 원하는 꿈은? ⋯ 62

꿈을 설계하는 사람 ⋯ 74

• **작가의 말** 어떤 꿈을 꾸는 게 좋을까요? ⋯ 84

너는 커서 뭐 될래?

"으ㅎㅎㅎ."

딱딱하던 액체 괴물을 말캉말캉하게 만드니 기분이 무척 좋았다. 그러느라 등 뒤로 누가 서 있는지 전혀 몰랐다. 내가 알아챈 건 바로.

"이……, 너! 야!"

벼락같이 큰 고함 때문이었다. 엄마가 눈에 쌍심지를 켜고 얼굴은 잘 익은 토마토보다 더 빨개진 채 소리를 벅벅 질렀다.

"어, 어? 엄마! 어, 언제 왔어요?"

난 바닥에 널브러져 있는 것들을 몸으로 감추려 이리저리 움직였다. 그런다고 가만있을 엄마가 아니었다. 엄마는 용케도 빈틈으로 내가 하던 일을 다 보고 말았다.

"너, 지금 뭐 하는 거야? 내가 액체 괴물 만들지 말라고 했지?"

"아, 이, 이거……. 그, 그러니까……."

뭐라고 둘러댈 말을 찾아봤지만 둘러댈 말이란 게 있을 리가 없었다. 무슨 말을 하긴 했지만, 그냥 그뿐이었다. 그게 알아들을 만한 말로 나오질 않았다.

"그러니까 뭐? 어머! 어머! 어머! 어머!"

엄마는 뭐라 말하려다 말고 어머, 소리만 연신 해 댔다. 그럴 수밖에 없었다. 엄마가 발견한 건 얼마 전에 세일할 때 사 놓은 화장품이었다. 개봉도 안 한 새 화장품을 내가 액체 괴물을 부활시키느라 다 써 버렸는데 결국 엄마한테 들킨 것이다.

엄마가 기함하는 건 당연했다.

"너, 너! 지금 제정신이야? 도대체, 도대체 뭐가 될라구! 뭐가 될라구 그러니? 어? 어?"

빈 통을 들여다보던 엄마는 내 등을 사정없이 때리기 시작했다. 얼른 팔로 막아 봤지만 소용없었다. 엄마 손이 어찌나 빠른지 결국 맞을 건 다 맞았다.

"내가, 너 이러라고 돈 벌러 다니는 줄 알아? 대체 커서 뭐가 되려고 이러는 거야? 어? 어?"

엄마의 화는 쉽게 수그러들지 않았다.

"김태연! 너 학원은 다녀왔어? 숙제는? 방은 청소했어? 공부는?"

엄마의 잔소리 2탄이 시작됐다. 무슨 래퍼도 아니면서 속사포 랩을 쏟아 냈다. 액체 괴물로 귓구멍을 막고 싶을 정도로 듣기 싫은 잔소리 랩이었다.

"집에 와서도 편히 쉴 수가 없어! 이러니까 내가 아주 팍삭 늙는다고!"

엄마는 잔소리를 하다 말고 소파에 털썩 기대앉았다.

그때였다.

띵동!

초인종이 울렸다. 기회는 이때다 싶어 얼른 일어나 인터폰을 받았다.

"누구세요?"

"택배입니다."

"네. 잠깐만요."

인터폰을 끊고 엄마를 쳐다봤다.

"누구야?"

"태, 택배 아…….''

내가 택배 아저씨라고 말할 틈도 없이 엄마는 벌떡 일어나 현관으로 달려갔다. 곧 문이 열리는 소리와 함께 엄마의 나긋나긋한 목소리가 들렸다.

"아우, 감사해요. 안녕히 가세요."

물건을 받아 든 엄마는 조금 전까지 불같이 화내던 사람이 맞나 싶을 정도로 싱글싱글 웃었다. 마치 택배 아저씨에게 선물이라도 받은 것처럼 기분 좋아 보였다.

"마침 집에 있을 때 받으니까 너무 좋네."

택배 상자를 열어 보는 엄마는 세상 행복한 표정을 지었다. 엄마가 저렇게 기뻐하는 건 택배 때문일까? 아니면 택배 아저씨 때문일까? 곰곰 생각해 보면 엄마는 아무리 기분 나쁜 일이 있어도 택배 아

저씨한테 택배만 받으면 기분이 좋아 보였다.

"엄마, 뭐 왔어요?"

택배 상자 안이 궁금해 슬그머니 엄마에게 다가갔다.

"넌 방에 들어가서 숙제나 해!"

엄만 정말 귀신이다. 낌새를 알아채고 바로 한마디 했다. 나는 끽 소리도 못 하고 바로 내 방으로 들어가야 했다.

방에 들어간 나는 책상에 앉았다. 언제 또 엄마가 들여다볼지 모르는데 아무것도 안 하고 있다간 또 무슨 일이 생길지 모른다.

"숙제나 하자!"

가방을 열어 주섬주섬 알림장을 꺼냈다. 그런데 알림장엔 아무것도 쓰여 있지 않았다.

"어? 오늘 숙제 있었는데?"

기억하기로는 분명히 숙제가 있었는데 아무것도 쓰여 있지 않았다. 얼른 승우에게 문자를 보냈다. 그리고 잠시 후 승우에게 답장이 왔다.

장래 희망에 대한 글쓰기

"아! 맞다. 자신의 꿈에 대해 써 오라고 했었지?"

승우의 문자를 보고 나서야 숙제가 생각났다. 글쓰기 노트를 꺼내 펼쳤다. 빨리 숙제하고, 아까 만들어 놓은 액체 괴물을 가지고 놀 생각이었다.

하지만 노트를 펼쳐 놓은 지 10분이 흐르고, 20분이 흘러도 단 한 글자도 쓰지 못했다.

"어휴! 뭐라고 쓰지?"

쓰고 싶은 말이 없었다. 글을 쓰려면 쓸 말이 있어야 하는데 도대체가 쓸 말이라는 게 없었다. 어쩌면 당연했다. 왜냐하면……. 나는 장래 희망, 그러니까 꿈이 없었다.

"뭐가 되고 싶다고 쓰지? 빨리빨리 생각해 봐."

앉아 있는 것도 답답해 의자에서 벌떡 일어났다. 그러곤 방 안을 서성거렸다. 창문에서부터 방문 앞까지 왔다 갔다 하는데, 왈칵 짜증이 났다. 딱히 쓰고 싶은 말이 없었다. 숙제를 하려면 뭐라도 써야 하는데 뭐라고 쓰지? 한 번도 생각해 보지 않은 문제를 고민하려 하니 미칠 것 같았다.

"가만, 그래!"

문득 두 사람이 머리를 스치고 지나갔다. 택배 아저씨! 그리고 화를 냈다가도 택배 아저씨만 보면 방글방글 웃는 엄마! 입에서 웃음이 실실 새어 나왔다.

"흐흐흐. 엄마가 택배 아저씨만 보면 웃는 데는 뭔가 특별한 게 있을 거야. 좋아! 이제부터 내 꿈은 택배 아저씨야."

나는 부리나케 다시 책상에 앉아 글을 쓰기 시작했다. 얼른 숙제를 마치고 놀 생각을 하니까 숙제도 술술 잘 써졌다.

내 장래 희망이 어때서?

"일찍 왔네?"

나보다 먼저 학교에 와 있던 짝꿍 정수가 말했다.

"너야말로 일찍 왔구만. 네가 웬일이냐?"

"헤헤. 숙제를 안 했거든. 학교에서 하려고 일찍 왔지."

"아, 어쩐지."

피식 웃으며 자리에 앉다가 펼쳐져 있는 정수 노트를 무심코 들여다봤다. 정수 노트에는 '건물주'라는 단어가 쓰여 있었다.

"헐! 장래 희망이 건물주야? 무슨 건물주가 장래 희망이냐?"

"왜? 이것보다 더 강력한 꿈이 어디 있다고? 난 말이야. 진짜 높은 건물 주인이 돼서 하고 싶은 건 다 하고 살 거야."

정수는 확신에 찬 목소리로 말하며 웃었다.

"이야, 정수 너는 좋겠다."

갑자기 뒤쪽에 앉아 있던 수용이가 부러운 표정으로 말했다.

"뭐가?"

정수는 수용이의 말에 다시 물었다.

"넌 이룰 수 있는 꿈을 꾸는 거잖아."

"에잇, 난 또 뭐라고! 그럼 넌 뭐 이룰 수 없는 꿈이라도 꾸냐?"

정수가 어처구니없다는 듯 핀잔을 줬다. 나도 어이가 없어서 피식 웃음이 나왔다.

"나는 아무래도 꿈을 이루기 힘들 것 같아."

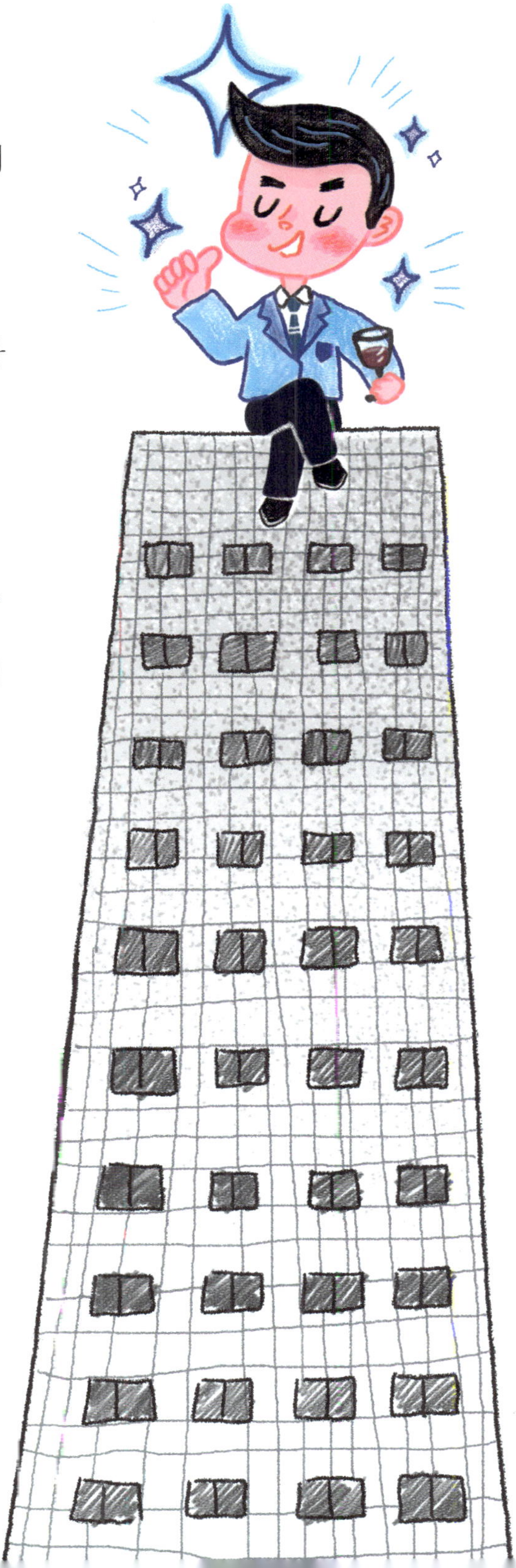

"그니까 왜?"

이번엔 내가 물었다. 대체 어떤 꿈이길래 저리 한숨만 쉬는지 궁금했다.

"우리 아빠가 노력을 안 하잖아!"

"아니, 네 꿈을 이루는 데 왜 아빠가 노력을 해야 해? 왜? 돈이 많이 들어?"

점점 알쏭달쏭한 말만 해 대는 수용이 때문에 나와 정수가 번갈아 물었다.

"그렇잖아? 내 꿈은 재벌 2세인데 우리 아빠가 재벌이 되려고 노력을 안 해. 그러니까 내가 재벌 2세가 될 수 있냐고? 그래서 내 꿈은 이미 물 건너갔다."

수용이의 황당한 말에 입이 쩍 벌어졌다. 어처구니없기는 정수도 마찬가지였는지 할 말을 잃은 표정이었다.

"내 꿈을 못 이루는 건 순전히 우리 아빠 때문이야. 그니까 절대 나한테 뭐라고 하면 안 된다고."

수용이는 마지막까지도 의기양양했다. 그 모습이 기막히기도 했지만 약간 부럽기도 했다.

"야, 그래도 그건 좀 아닌 것 같아."

내가 고개를 갸웃거리며 한마디 했다.

"뭐가 그건 좀 아니야? 그럼 넌 꿈이 뭔데?"

"나? 나는……. 택배 기사."

"택배 기사?"

이번엔 정수와 수용이, 그리고 수용이 짝꿍까지 눈을 동그랗게 뜨고 되물었다.

"왜? 택배 기사가 어때서?"

"야, 그건 공부 못하던 사람들이나 하는 거잖아!"

수용이가 말도 안 된다는 듯 혀까지 끌글 찼다. 그걸 보니 은근히 기분이 나빴다.

"누가 그래? 너희가 몰라서 그렇지 택배 아저씨들 완전히 마법사야."

"마법사? 그건 또 무슨 소리야?"

정수가 물었다.

"우리 엄마는 아무리 기분이 나빠도 택배 아저씨만 오면 기분이 좋아지거든. 그러니까 분명 뭔가 있다고!"

"하기야 우리 엄마도 그렇긴 해. 택배만 받으면 그렇게 좋아하더라."

"거 봐! 내가 보기엔 택배 아저씨만큼 좋은 일 하는 사람이 없는 것 같아."

"그래도 그건 공부 못하던 사람이나 하는 거라니까."

정수가 동의해 줄 땐 기분이 좋아졌다가 다시 수용이의 말에 기분이 나빠졌다. 수용이에게 뭐라고 한마디 하려는데 교실 문이 열렸다. 선생님이었다.

"수업 시작합시다."

2교시 수업이 시작되었다.

"여러분 다 숙제해 왔지요? 한 사람씩 자신의 장래 희망, 꿈에 대해서 발표할 겁니다. 누구부터 발표할까요?"

앞쪽에 앉아 있는 아이들이 손을 번쩍 들었다. 그러자 선생님이 아이들 한 명 한 명을 가리키며 순서를 정해 줬다.

"제 꿈은 크리에이터입니다. 유튜브 스타가 되어서 멋진 동영상을 많이 만들고 싶습니다."

"저는 아이돌 가수가 꿈이에요. 노래를 잘해서 전 세계 사람들에게 사랑받고 싶어요."

"전 공무원입니다. 엄마 아빠가 안정적인 직업이 최고라고 했거든요. 그래서 저는 공무원이 되기로 결심했습니다."

아이들 한 명 한 명이 꿈을 발표할 때마다 박수가 나왔다. 선생님은 아이들의 발표를 듣다가 이따금 빙그레 웃었다.

"선생님! 이룰 수 없어서 포기한 꿈도 발표해도 돼요?"

수용이가 손을 들고 물었다.

"무슨 꿈이기에 벌써부터 포기한 건가요?"

선생님이 재미있다는 듯 싱글싱글 웃으며 물었다.

"제가요. 꿈이 재벌 2세였거든요. 근데 우리 아빠가 너무 노력을 안 해서 포기해야 할 것 같아요."

"우하하하하."

역시 수용이의 말에 아이들이 왁자지껄 웃었다. 선생님도 수용이의 말이 웃겼는지 소리 내어 웃었다. 수용이는 어깨를 추어올리며 의기양양했다.

"수용이는 아직 시간 많으니까 장래 희망에 대해 조금 더 생각해 봐요. 자, 다른 사람?"

선생님이 손 들고 있는 아이들을 다시 한 명 한 명 호명했다. 그리고 드디어 내 순서가 되었다.

"제 꿈은 택배 기사입니다. 고객 한 사람 한 사람에게 마법을 부리듯 행복을 전달하는 택배 기사가 되……."

"에에에?"

내 말이 다 끝나기도 전에 야유가 터져 나왔다. 지금껏 발표하는 분위기와는 영 달랐다. 당황스러웠다. 뭔지 모르지만 내가 뭘 잘못했나 싶을 정도였다.

"우리 엄마가 택배는 공부 못하고 할 일 없는 사람들이 하는 거라고 했는데."

교실 어디에선가 아까 수용이가 했던 말과 똑같은 말이 들려왔다. 반 아이들 앞에서 그 말을 또 들으니 뒤통수도 따갑고 얼굴도 뜨거워졌다.

"자자, 그런 말은 하는 게 아닙니다. 직업엔 귀천이 없다고 했어요. 그러니까 우리는 무엇이든 될 수 있어요. 하지만 태연이는 택배 기사 말고 조금 더 멋진 직업을 생각해 보는 것도 좋을 것 같아요.

자, 다음."

 곧바로 다음 발표가 이어졌다. 누가 들어도 멋지고 화려한 직업들이었다. 그래서인지 내가 더 초라하게 느껴졌다. 내가 잘못한 게 없는데도 뭔가 잘못한 기분이었다.

 택배 기사가 되고 싶은 내 마음은 정말 잘못된 걸까?

꿈은 공짜야!

학교가 끝나고 막 교문을 나서는데 문자가 왔다.

학원 가기 전 경비실에 들러서 택배 찾아 놔.

역시 엄마일 줄 알았다. 이 시간에 나한테 올 문자는 엄마이거나, 광고 문자일 테니. 막 답장을 하려는데, 드드득! 또 한 번 진동이 요란하게 울렸다.

왜 대답이 없어? 또 어디로 샌 거 아니지? 택배 꼭 찾아 놔!

그새를 못 참고 엄마가 또 문자를 보냈다. 짜증이 났지만 꾹 참고 간단히 답장을 보냈다.

네.

답장을 한 후 다시 걷기 시작했다. 그런데 이상하게 기운이 없었다. 몸이 아픈 것도 아닌데 왜 그러지? 이게 다 '장래 희망' 발표 때문이다. 나 이후로 발표한 아이들 중에선 아무도 비웃음을 당하지 않았다. 나에게 말했던 것처럼 '공부 못 하는 사람'이나 하는 일이라고도 하지 않았다.

내 장래 희망이 그렇게 나쁜 걸까? 다시 생각해도 울적했지만 더는 우울하고 싶지 않아 발걸음을 더 빨리했다.

경비실은 한적했다. 대신 경비실 안 절반이 택배 상자로 가득 차 있었다. 곧 명절이 다가와서 그런지 선물로 온 택배가 잔뜩 쌓여 있었다.

"무슨 일로 왔니?"

경비 아저씨. 아니, 경비 할아버지가 내게 물었다.

"저기 101동 1302호 택배 찾으러 왔어요."

"그래? 잠깐만!"

경비 할아버지는 한쪽으로 가더니 그 많은 택배 중에 우리 집 택배를 바로 찾아 들었다.

"우와!"

몇 초도 안 돼 바로 택배를 찾는 모습이 신기해 탄성을 질렀다.

"왜? 뭐가 이상하냐?"

"아니요. 완전 대단해요."

나는 엄지손가락까지 치켜들고 감탄했다.

"뭐가 말이냐?"

경비 할아버지는 어리둥절한 표정으로 물었다.

"그렇잖아요? 저 많은 택배 중에 우리 집 택배를 한 번에 찾는 게 신기하잖아요. 꼭 물건 찾기 달인처럼 보여요."

"허허, 녀석. 사람을 아주 기분 좋게 만드는 재주가 있네? 아무튼 고맙다. 자!"

경비 할아버지는 내게 택배 상자를 주고, 노트에 이름을 쓰라고 했다.

"할아버지! 할아버지는 언제부터 경비 아저씨가 되고 싶었어요?"

나는 한쪽에 상자를 내려 두고 이름을 쓰면서 경비 할아버지에게 물었다.

"응?"

경비 할아버지가 의아한 표정으로 쳐다봤다.

"지금처럼 경비 일을 하고 싶단 생각을 언제부터 했냐구요?"

"아, 난 또 뭐라고. 그건 말이다. 그러니까 다니던 회사를 은퇴할 무렵에 어떤 일을 할까 고민하다가, 늙을수록 몸을 움직여야 한단 생각에 그때부터 경비 일을 찾아봤지. 그런데 그걸 왜 묻냐?"

"아, 그렇구나."

"뭐가 이상하냐?"

내 반응이 이상했는지 할아버지가 다시 물었다.

"아니요. 그냥 오늘 학교에서 장래 희망을 발표했는데, 제 이야기를 듣고 애들이 막 비웃고 또 뭐라고 했거든요."

인자한 표정의 할아버지 앞이라서 그랬을까? 나도 모르게 속의 말이 술술 나왔다.

"장래 희망이 뭔데 그러냐?"

"음……. 그러니까 음……."

할아버지도 반 친구들처럼 나를 비웃으면 어떡하나 싶어 쉽게 말이 안 나왔다.

"괜찮아. 어여 말해 봐."

"저기 그러니까요. 택배 기사요."

에라, 모르겠단 심정으로 말해 버렸다. 그러고는 할아버지 얼굴을 쳐다봤다. 할아버지는 잔잔한 미소를 지은 채 나를 보고 있었다.

"할아버지가 하나만 물어봐도 되겠냐?"

"네?"

할아버지는 친구들과는 다른 반응을 보였지만, 그 반응 역시 내겐 놀라웠다.

"왜 택배 기사가 되고 싶은 거냐? 무슨 계기라도 있는 게야?"

"그러니까, 음……. 우리 엄마는요. 아무리 화가 나고 기분이 우울해도 택배 아저씨만 오면 기분이 좋아져요. 저번에도 저를 완전 혼내면서 화를 버럭버럭 냈는데 택배 아저씨가 오니까 바로 기분이 좋아지더라구요. 그래서 엄마처럼 기분이 안 좋은 사람을 기쁘게 하는 택배 아저씨가 되고 싶어요."

"그래? 엄청 멋진 꿈인데?"

"정말요? 진짜 할아버지도 그렇게 생각하는 거예요?"

"진짜 그렇다니까. 다른 사람에게 기쁨을 주고 싶다는 사람이 멋지지 않으면 도대체 누가 멋지다는 거냐?"

할아버지는 내 머리를 쓰다듬어 주었다. 딱 칭찬받는 것처럼 기분이 좋아졌다.

"근데 친구들은요, 저한테 택배 기사는 공부 못하는 사람들이나 하는 거라고 막 뭐라 했어요."

말한 김에 수업 시간에 있었던 이야기를 줄줄 꺼냈다. 할아버지는 내 얘기를 정말 잘 들어 주었다.

"이제 보니 이름을 안 물어봤네. 그래, 네 이름이 뭐지?"

"태연이요. 김태연."

"그래, 태연아! 할아버지는 말이야. 그렇게 생각해. 이 나이가 되어 보니 꿈은 많이 꿀수록 좋다는 거야. 내가 꿈꾸는 걸 다 이룰 수는 없더라도 꿈꾸는 동안 그 꿈에 가까이 가기 위해 생각도 하고 노력도 하고 즐거울 수도 있거든. 그리고 이건 너한테만 알려 주는 건데……."

할아버지가 말을 하다 말고 주변을 두리번거렸다. 마치 엄청난 비밀이라도 말하려는 듯 조심하는 것처럼 보였다.

"뭔데요?"

나는 할아버지 옆으로 더 가까이 갔다.

"꿈은 공짜야. 그러니까 이 꿈 저 꿈 많이 꿔도 아무도 뭐라고 하

지 않는다는 거지. 그러니까 태연이 네가 하고 싶은 것, 이루고 싶은 꿈을 맘껏 꾸는 거야. 그리고 남이 뭐라 하건 네가 원하는 거면 돼. 무슨 말인지 알겠지?"

"아아! 네!"

할아버지의 말은 알 듯 말 듯했지만 고개가 절로 끄덕거려졌다.

"하여튼 쓰레기 마구 버리는 사람들은 대체 어떤 사람들인지 모르겠어."

경비실 문이 벌컥 열리더니 또 다른 경비 아저씨가 들어왔다.

"저 그럼 가 볼게요. 안녕히 계세요."

"그래, 또 보자."

할아버지가 웃으며 손을 흔들었다. 나는 꾸벅 인사를 하고 밖으로 나왔다.

"얘야, 태연아!"

막 경비실에서 나와 뛰려는데 경비 할아버지가 부르는 소리가 들렸다. 할아버지 손에는 내가 찾으러 갔던 퇴배 상자가 들려 있었다. 급히 나오느라 정작 챙겨야 할 물건은 깜빡했다. 나는 살짝 민망해 헤헤 웃으며 경비실로 갔다. 그래도 괜찮았다. 복잡한 문제를 끝낸 홀가분함 때문에 그냥 다 좋았다.

우리 할아버지는 바리스타!

"태연아, 태연아. 일어나 봐. 얼른."

한참 달게 자는데 엄마가 마구 흔들어 깨웠다. 나는 더 자고 싶어 못 들은 척 꿈쩍도 안 했다. 그러자 엄마는 더 세게 나를 흔들어 깨웠다.

"얼른 잠깐 눈 좀 떠 봐. 엄마 할 말 있어."

나는 마지못해 겨우 눈을 뜨고 엄마를 쳐다봤다.

"엄마, 오늘 일 있어서 지금 나가니까 이따 일어나면 밥 먹고 할아버지한테 갔다 와."

"할아버지? 왜?"

"오늘 할아버지 무슨 카페에서 바리스타 실습한대. 엄만 오늘 일

있어서 못 가니까 네가 대신 갔다 와. 알겠지?"

"바리스타가 뭐야? 거기가 어딘데? 카페를 나 혼자 어떻게 가라고?"

"혼자 가기 뭐하면 친구랑 갔다 와. 엄마가 문자로 장소 보내 놓을 게. 엄마 너만 믿고 나간다. 알았지?"

엄마는 얼른 할 말만 하고 바로 밖으로 나갔다. 거실에서 급히 나가는 소리가 들렸다. 나는 맛나게 자고 있던 잠이 아쉬워 더 자려고

이불을 뒤집어썼다. 하지만 한 번 깬 잠은 쉬이 오지 않았다.

"아이, 참! 엄마는 오늘같이 학교도 안 가는 날 일찍 깨워서 늦잠도 못 자게 하고."

투덜거리며 침대에서 일어나는데 머리맡에 둔 핸드폰에서 진동이 울렸다. 엄마가 보낸 문자였다. 문자를 보니 내가 찾아갈 카페의 지도 링크가 걸려 있었다. 집에서 10분 정도 걸어가면 있는 노인 회관 옆이었다.

"근데 바리스타가 뭐야?"

나는 바리스타가 뭔지 몰라 인터넷 검색을 해 봤다. 뜻을 보니 커피를 만드는 사람인 것 같았다.

"할아버지가 이걸 하신다고?"

의외였다. 늘 정장 차림으로 출근을 하던 할아버지가 앞치마를 두르고 바리스타를 하다니. 바리스타는 주로 젊은 사람들이 하는 일 같은데 어쩐지 상상이 되지 않았다. 그 생각을 하니 궁금했다. 할아버지가 커피를 만드는 모습은 어떨까 하고. 그러자 마음이 급해졌다. 같은 아파트 단지에 사는 친구 세현이에게 얼른 전화를 했다.

"세현아, 너 오늘 바빠?"

"왜?"

"엉, 나랑 어디 좀 같이 가자."

"싫어. 나 게임할 거야. 오늘 울 엄마가 간만에 허락해 줬단 말이야."

"그러지 말고 내가 맛있는 거 사 줄 테니까 같이 가자."

나는 세현이에게 몇 번이나 부탁했다. 그러자 세현이는 마지못해 그러겠다고 대답했다. 대신 맛있는 걸 꼭 사 주어야 한다는 조건이 붙었다. 그건 걱정하지 않았다. 분명 할아버지를 만나면 할아버지가 용돈을 주시든지, 맛있는 것을 사 주시든지 할 거니까.

세현이와는 2시쯤 보기로 하고 전화를 끊었다. 일단 나가기 전에 한 번이라도 게임을 하려고 컴퓨터 앞에 앉았다. 일찍 일어났다고 투덜거렸지만, 컴퓨터 앞에 앉으니 일찍 일어나길 잘했단 생각이 들었다. 우선은 신나게 놀 일이 있으니 기분은 최고였다.

세현이와는 2시에 대형 마트 앞에서 만났다. 마트에서 카페까지 가까운 거리였다.

"근데 너희 할아버지 원래 무슨 일 하셨어?"

"우리 할아버지? 아마 공무원이었을걸?"

"와, 공무원? 철 밥통이라는 그 공무원 말이야?"

세현이는 놀라운 사실을 발견이라도 한 듯 눈을 동그랗게 뜨고 되물었다.

"어. 야, 근데 넌 그 철 밥통이란 말은 어디서 들었어?"

"우리 엄마 아빠가 만날 그러거든. 평생 안정적으로 월급 나오는 직업으로 최고라고. 나한테도 나중에 공무원 시험 보래. 그래서 나도 그럴 생각이야."

세현이가 공무원이 되고 싶다고 하니까 얼마 전에 내가 말한 꿈이 생각났다.

"세현아, 너도 택배 기사는 공부 못하는 사람이 되는 거라고 생각해?"

"당연하지! 우리 엄마가 그랬어. 그러니까 나더러 공부 열심히 하라고 들들 볶는다니까? 으이그, 생각만 해도 지긋지긋해. 근데 택배 기사는 왜?"

세현이가 궁금한 얼굴로 나를 쳐다봤다. 말을 할까 말까 망설였다.

"난 택배 기사가 꿈인데 우리 반 애들이 막 놀리더라고. 공부 못하는 애들이나 되는 거라고."

"야! 넌 그걸 말이라고 하냐? 넌 우리 엄마 앞에서 그 말했음 끝이다. 끝!"

세현이는 손으로 제 목을 툭툭 치는 시늉을 했다. 그걸 보니 어쩐지 나만 여태 모르고 있었나 싶어 입안이 씁쓰름해졌다.

할아버지가 실습한다는 카페엔 사람들이 제법 많았다. 안쪽엔 빈자리가 거의 보이지 않을 정도로 사람들이 차 있었고, 향긋한 커피 향이 코끝을 간질였다. 들어서는 것만으로도 기분이 좋아지는 곳이었다.

"할아버지!"

하얀 셔츠에 검은색 앞치마를 두른 할아버지는 커피 기계를 집중해서 보고 있었다. 기계 아래 작은 잔이 보였고 그 속으로 검은색 커피가 쪼르륵 떨어지고 있었다.

"아이고, 우리 태연이 왔냐? 잠깐만 기다려라."

할아버지는 작은 잔에 든 커피를 얼른 큰 잔에 담은 후 뜨거운 물을 부었다. 그러자 커피 두 잔이 만들어져 쟁반에 놓였다. 조금 후 테이블에 앉아 있던 아주머니가 그 커피를 가져갔다.

"와, 할아버지 잘하신다."

"허허, 그럴싸해 보이냐?"

"네!"

세현이도 우리 할아버지가 멋있게 보였는지 나처럼 똑같이 대답했다.

"할아버지 이거 얼마나 연습했어요?"

"많이 했지. 공부도 많이 하고, 연습도 같이 하고. 몇 달은 했을걸. 가만, 그러지 말고 너희는 뭐 마실래? 커피는 못 마시니까 주스 줄까? 아니면?"

"전 코코아요."

세현이가 메뉴판을 보더니 냉큼 코코아를 주문했다. 덩달아 나도 달달한 코코아가 먹고 싶어졌다.

할아버지는 우리에게 빈자리를 가리키며 앉으라고 했다. 우린 그중 입구와 가장 가까운 빈자리에 앉았다. 그러곤 계속 할아버지를 쳐다봤다. 할아버지는 약간 서툰 듯하면서도 척척 일을 해냈다. 가끔 카페 주인인 듯한 아주머니가 할아버지에게 뭐라고 이야기를 했다.

"너희 할아버지 멋지다. 근데 저거 하면 돈 많이 벌어?"

"나도 모르지. 근데 커피를 많이 팔면 그러지 않을까?"

"만약에 우리 엄마한테 나도 바리스타 되겠다고 하면 그러라고 할까?"

세현이가 나를 돌아보며 물었다. 표정은 영 아닐 것 같다는 얼굴이었다.

"글쎄, 하라고 하지……."

사실 세현이 엄마 생각을 모르기 때문에 어떤 대답을 할지 망설여졌다.

"아닐걸. 우리 엄만 분명히 안 된다고 할 거야."

"왜?"

"안정적이지 않잖아. 돈을 얼마나 벌지도 모르는데 하라고 하겠냐? 우린 엄만 무조건 꼬박꼬박 돈이 많이 들어오는 그런 직업을 원한다니까?"

그건 사실 우리 엄마도 마찬가지다. 가끔 무슨 일을 하더라도 의미 있는 일을 하면 된다고 말해 놓고 마지막 결론은……. 돈 많이 버는 직업이 최고였다.

"암튼 어른들한텐 돈이 최고니까. 뭐 나도 돈이 최고이긴 한 것 같아."

세현이가 얕은 한숨을 쉬면서 어른처럼 말을 내뱉었다. 기분이 이상했다. 어른들은 꿈을 크게 가지라고 하면서 그 꿈이 돈을 적게 버는 직업이면 반대했다. 그리고 우리한테는 다 우리를 위해서 하는 말이라고 했다.

아빠는 이곳저곳을 여행하는 여행 작가이고, 엄마는 학습지 교사이고, 이모는 번역가이며 고모는 벨리 댄스 강사다. 지금 아빠와 엄마가 하는 일도 어렸을 때부터 꿈꾸던 일이었을까?

할아버지가 코코아를 가져다주었다. 우리 앞에 쟁반을 두고 가는 할아버지의 뒷모습이 멋져 보였다.

"할아버지 멋지다."

세현이도 나와 같은 생각이었는지 코코아를 들고 한마디 했다. 나는 대답 없이 고개만 끄덕거렸다. 문득 꿈은 공짜라는 경비 할아버지의 말이 떠올랐다.

'나도 커서 바리스타 할까?'

쓰레기 치우는 사람이 없다면?

"할아버지한텐 잘 갔다 왔니?"

저녁을 먹는데 엄마가 오후 일을 물었다.

"응. 그리고 저기 할아버지가 엄마 갖다주라고 주셨어. 원두래."

"원두? 잘됐네. 그러잖아도 다 떨어졌는데."

엄마는 밥을 오물오물 씹으면서 원두가 있는 쪽을 슬쩍 쳐다브았다.

"엄마, 나도 나중에 바리스타 할까? 할아버지 하는 것 보니까 되게 멋있던데."

나는 오후에 봤던 할아버지의 모습을 떠올리며 물었다. 그러자 엄마는 젓가락으로 반찬을 집어 들다가 눈을 치켜뜨고 나를 쳐다봤다.

"뭐가 된다고?"

"바리스타. 오늘 보니까 멋진 일 같아."

"시끄러워! 그런 쓸데없는 생각 말고 공부나 해."

엄마의 대답은 단호했다. 심지어 무섭기까지 했다. 이럴 때마다 내가 무슨 큰 잘못이라도 저지르는 것처럼 느껴졌다.

"할아버지 말씀 들으니까 바리스타도 공부 열심히 해야 한대. 그러니까 당연히 공부는 할 거예요."

"그거 해서 돈 많이 번대? 그러지 말고 넌 좀 안정적인 돈벌이가 되는 직업을 가지라고. 그래야 돈 걱정 없이 살 거 아니야?"

역시 엄마는 또 돈 얘기부터 했다. 아무래도 내 꿈을 인정받으려면 돈을 많이 버는 직업을 가지기 전엔 안 될 것 같았다.

"엄마, 그럼 공부 못해도 돈만 많이 벌면 되는 거예요?"

"뭐라고?"

"엄마 말 들어 보니까 돈만 많이 벌면 공부 안 해도 될 것 같아서요."

"무슨 소리야? 태연아, 너 엄마 말 잘 들어 봐. 우리나라는 좋은 직업을 가지려면 공부를 잘하지 않으면 안 돼. 그러니까 일단 무조건 공부부터 열심히 해. 나머진 나중에 생각해도 충분해. 알았지?"

엄마가 내 다짐이라도 받아 두려는 듯 빤히 쳐다봤다. 그래서 나도 한마디 하려다가 그냥 말았다. 그나저나 내가 되고 싶었던 택배 기사는 친구들이 놀려서 안 되고, 바리스타는 돈을 못 번다는 엄마 때문에 안 된다. 대체 나는 어떤 직업을 선택해야 하는 걸까?

며칠 후 추석 전날이었다.

"태연아!"

아침부터 종종거리며 음식을 만들던 엄마가 주방에서 나를 불렀다.

"왜요?"

"이거 갖다 버리고 와."

주방에 가 보자, 엄마가 수북이 쌓인 음식물 쓰레기통을 내게 내밀었다.

"또?"

왈칵 짜증이 났다. 아침에도 다녀왔는데. 무슨 놈의 음식물 쓰레기는 이렇게도 많이 생기는지 모르겠다. 이럴 땐 명절이 싫다. 맛있는 음식을 많이 먹는 건 좋은데, 심부름은 평소 두 배로 늘어난다. 특히 오늘처럼 엄마가 미리 음식 장만이라도 할라치면 나도 쉴 틈이 없었다.

"그럼 어떡해? 엄마가 일하다가 갔다 와? 너라도 도와줘야지. 엄마 혼자서 어떻게 해?"

엄마가 다용도실 쪽으로 가면서 나를 나무랐다.

아빠 형제는 아빠와 고모 둘이다. 그래서 보통 명절 땐 할아버지 집으로 우리가 갔었는데 올해는 그럴 수가 없었다. 할머니가 얼마

전부터 편찮으셔서 올 추석은 우리 집에서 지내기로 한 것이다. 게다가 하필이면 아빠도 해외에 나가 있었다. 명절 특집 여행에 대한 글을 쓰기 위해 지난주에 해외로 나가 추석이 끝나고 나서야 돌아온다고 했다. 결국 집에 있는 내가 엄마 심부름을 할 수밖에 없었다.

음식물 쓰레기통을 가지고 쓰레기 분리수거장으로 갔다. 분리수거장 앞엔 평소 안 보이던 안내문이 붙어 있었다.

『이번 추석 명절 기간에는 쓰레기 수거 차량이 오지 않습니다.
가급적 급한 쓰레기만 버려 주세요.』

나는 팻말을 읽으면서 음식물 쓰레기를 버렸다. 그러고는 옆에 있는 쓰레기통을 쳐다봤다. 총 5개의 쓰레기통 중에 2개는 벌써 가득 차 있었고, 3개 정도만 여유가 있어 보였다. 분리수거함엔 명절답게 평소보다 쓰레기가 더 많이 쌓여 있었다.

"아휴, 이 쓰레기를 명절 내내 안 버리면 어쩌라는 거야?"

어떤 아주머니가 가져온 쓰레기를 버리면서 투덜거렸다. 생각해 보니 오늘은 첫날이지만 며칠간 쓰레기가 계속 나오면 문제가 될 것 같긴 했다. 그런데 또 한편으로는 많은 사람이 명절엔 시골집에 가

니 괜찮을 것 같기도 했다.

 하지만 다시 생각해 보니 그건 내 편리한 대로 생각한 것 같았다.

 우리 집만 해도 이번엔 시골로 가지 않고 우리 집에서 차례를 지내느

라 시도 때도 없이 쓰레기를 버리고 있었기 때문이다. 얼핏 보니 앞집도 그런 것 같았다. 아래층도 쓰레기장에서 우연히 본 걸 보면 꽤 많은 사람이 시골에 가지 않고 남아 있단 뜻이었다.

다음 날, 추석 당일. 할아버지 할머니뿐만 아니라 친척들도 집으로 찾아왔다. 그럴 때마다 엄마는 음식을 내야 했고 쓰레기는 자꾸자꾸만 생겨났다. 물론 버리러 가는 일은 내 몫이었다.

"으악!"

우리 집뿐만 아니라 다른 집에서 나오는 쓰레기도 엄청나게 많았다. 특히 종이를 버리는 곳은 이미 포화 상태였다. 수거함 하나 가득 꼭대기까지 각종 상자와 종이들로 가득했는데 그 양이 어찌나 많은지 수거함이 상자를 소화하지 못하고 토해 내고 있었다. 보기만 해도 내 숨이 찰 정도였다. 아니 무서웠다.

"아이고!"

경비 아저씨는 넘쳐 나는 쓰레기를 보고 한숨을 쉬다가 주변 정리를 시작했다. 쓰레기를 정리하고 정리해도 쓰레기들은 쉽사리 줄어들지 않았다.

갑자기 예전에 엄마가 쓰레기장을 지나다 했던 말이 떠올랐다.

"너 저런 아저씨들이 얼마나 고생하는 줄 알아? 그리고 봐. 쓰레기 더미에 있으니까 얼마나 냄새가 나겠니? 그러니까 공부 열심히 해. 저런 일 안 하고 싶으면."

얼마 전에 반에서 장래 희망을 발표했던 친구들 모습도 떠올랐다.

"전 의사가 되고 싶어요."

"전 디자이너요."

"저는 과학자가 되고 싶습니다."

선생님은 분명 그러셨다. 직업엔 귀천이 없다고. 하지만 발표하던 어떤 아이도 청소부가 되겠다는 말은 없었다. 게다가 내가 택배 기사가 되고 싶다고 하자 비웃기까지 했다. 그건 그렇다 치고 만약 쓰레기를 치우는 사람이 없다면 어떻게 될까?

머릿속으로 산더미처럼 쌓여 있는 쓰레기와 지독한 냄새를 상상했다. 온몸에 소름이 쫙 끼치면서 닭살이 들았다. 지금 눈앞에 있는 쓰레기장만 봐도 고개가 저어지는데 만약에 쓰레기가 계속 쌓인다면? 으윽! 그건 상상만 해도 너무 끔찍했다.

솜씨 좋은 세탁소 아주머니

명절 연휴가 끝난 며칠 후 외할머니가 집에 왔다. 이번 추석 때 외갓집을 못 간 탓에 할머니가 우리 집으로 온 거다.

"우리 태연이 그새 또 많이 컸네? 어째 학교는 잘 다니고 있는 겨?"

할머니가 현관문에서부터 내 가방을 받아 주었다.

"그럼요."

"우리 애기 뭐 맛난 거 해 주까?"

그러곤 또 이렇게 나를 아기 취급했다.

"할머니, 나 애기 아니라고요!"

"할미한테는 영원히 애기여. 어여, 뭐 해 주까?"

사실 점심에 급식을 조금밖에 안 먹은 탓에 배가 고프긴 했다.

"할머니, 나 피자 사 주면 안 돼요?"

"피자? 피자가 그렇게 먹고 싶어?"

내가 실실 웃으며 고개를 끄덕였다.

"그래, 그럼 피자 시켜 봐라. 할미도 한번 먹어 보자."

할머니가 허락하자마자 바로 피자 주문을 했다. 그리고 내 방으로 들어가 컴퓨터를 켰다. 집에 할머니만 있다는 건 내가 게임을 해도 혼낼 사람이 없단 뜻이었다.

"아가, 네 옷은 빨 것 없냐?"

신나게 게임을 하고 있는데 할머니가 방으로 들어왔다. 할머니의 팔엔 안방에서 챙겨 나온 듯한 빨랫감이 걸려 있었다.

"할머니, 내 건 없어요."

나는 약간 성가셔서 컴퓨터를 쳐다보며 대답했다. 그러자 할머니는 방 안을 한 바퀴 돌며 무언가를 찾다 그냥 나갔다. 할머니는 엄마가 없는 동안 또 청소와 빨래를 하는 것 같았다. 늘 그랬다. 할머니가 집에 오면 엄마가 평소 미뤄 뒀던 일들을 찾아내 다 해 놓고 갔다. 그러고 나면 엄마는 꼭 한마디 했다. 할머니도 힘들 텐데 꼭 일을 해 놓고 가신다고. 하지만 은근 표정만은 좋아하는 눈치였다. 퇴근하고 집에 와서 쉬기만 할 수 있어서 그러는 것 같았다.

"태연아, 나와서 피자 먹어."

한참 게임에 빠져 있는데 할머니가 불렀다. 나는 잠시 게임을 멈춰 놓고 거실로 나갔다.

거실에는 이미 고소한 피자 냄새가 가득했다.

"우와, 맛있겠다."

"어서 식기 전에 먹어."

할머니는 컵에 음료수만 따라 놓고 다시 베란다로 갔다. 배가 고픈 나는 할머니는 아랑곳하지 않고 우걱우걱 피자를 먹기 시작했다. 그러는 동안에 할머니는 빨래를 널면서 뭐라고 중얼중얼했다.

늦은 저녁 퇴근한 엄마는 간만에 할머니가 차려 놓은 밥을 맛있게 먹었다.

"역시 엄마가 해 준 밥이 제일 맛있다니까."

엄마는 살을 빼야 한단 말을 계속하면서도 밥을 두 그릇씩이나 먹었다. 그러곤 기분 좋게 설거지를 하고 씻겠다며 방으로 들어갔다. 할머니와 나는 거실에서 드라마를 보고 있었다.

"어, 이상하다. 어디 갔지?"

안방에 들어갔던 엄마가 거실로 나와 두리번거렸다.

"왜 뭐 찾아?"

할머니가 물었다.

"엄마, 혹시 내 하얀 실크 블라우스 못 봤어요?"

"블라우스? 그거 소매가 너풀너풀한 거?"

"네."

엄마가 잃어버린 물건을 찾은 듯 반가이 물었다.

"그거 빨아서 널었는데?"

"빨아요? 뭘? 블라우스를?"

엄마는 완전히 놀란 얼굴로 베란다로 달려갔다.

"꺄악!"

베란다 쪽에서 엄마의 새된 비명 소리가 들렸다. 할머니와 나는 깜짝 놀라 벌떡 일어났다.

"무슨 일이냐?"

"엄마! 왜 그래?"

나와 할머니는 놀라서 동시에 물었다.

"엄마! 엄마 이거, 이거 왜 빨았어요? 이건 물빨래하면 줄어들어서 못 입는 옷이란 말이야."

엄마는 잔뜩 울상을 짓고 할머니를 향해 짜증을 퍼부었다.

"아이고, 어쩐지 옷이 작아서 누구 옷인가 했더니……."

"아니, 그니까 그냥 우리 집에 오면 가만히 있으라니까 왜 물어보지도 않고 빨래를 해요."

엄만 대놓고 할머니를 나무랐다. 할머니는 처음엔 미안해하는 얼굴이었지만 점점 표정이 안 좋아졌다. 그러더니 엄마를 향해 평소보다 더 큰 목소리로 말하기 시작했다.

"그만해라! 늙은 어미가 얼른 죽어야 하는데 네 아까운 옷 다 망쳐 놔서 미안하다. 내일 사 놓을 테니까 걱정 마!"

그러곤 아주 기분 나빠하며 방으로 들어가 버렸다.

엄마 얼굴은 그야말로 똥 씹은 얼굴이 되었다. 조금 전 할머니가 해 준 밥이 제일 맛있다고 했던 얼굴은 흔적도 찾아볼 수 없었다. 나는 엄마와 방에 들어간 할머니 중에 누구를 위로해 줘야 할지 몰라 슬금슬금 눈치를 봤다. 그러다가 그냥 내 방으로 들어가 버렸다.

다음 날, 간밤의 일로 금방이라도 가 버릴 것 같았던 할머니는 내가 학교가 끝나고 돌아온 뒤에도 집에 있었다.

"태연아, 태연아! 이것 봐라."

할머니는 어제 망쳐 놨던 엄마 옷을 내게 내밀어 보여 주었다.

"어? 이거 어제 엄마 옷……? 아니에요?"

나는 말을 하면서도 할머니의 마음이 상할까 봐 눈치를 봤다.

"그래! 맞아. 어제 그 옷인데. 이것 봐라. 이렇게 신기하다."

할머니는 엄청 신기해하며 옷을 보고 또 봤다. 나는 그런 할머니가 더 신기해서 할머니 얼굴만 쳐다봤다.

"근데 할머니 이건 누가 이렇게 해 줬어요?"

"누구긴 누구야? 요 앞 세탁소에서 해 줬지. 세탁소 아주머니 솜씨가 아주 기막히게 좋다."

"아!"

나는 고개를 끄덕끄덕하며 옷을 쳐다봤다.

"사람은 자고로 기술이 있어야 해. 예부터 기술 있는 사람은 굶어 죽지 않는다고 했어. 태연아, 너도 나중에 할 것 없으면 기술을 배워. 기술 배우면 먹고사는 건 충분하다. 알았냐?"

"할머니, 그럼 나 나중에 세탁소 할까?"

할머니가 입에 침이 마르도록 세탁소 아주머니를 칭찬하니까 내 마음이 금세 그쪽으로 기울었다.

"뭔 소리여? 네가 왜 세탁소를 해?"

"아니요. 할머니가 세탁소 아주머니가 능력이 좋다고 하니까 어쩐지 저도 해 보고 싶어서요."

"그런 소리 하덜 말어. 넌 다른 일 해야지. 더 좋고 힘 안 드는 일

해야지. 아암!"

할머니는 금세 또 말이 바뀌었다. 조금 전 세탁소 아주머니를 은인으로 여기는 듯한 말들은 이미 사라지고 없었다.

"넌 의사해라! 그래, 의사 같은 거 하면 사람 병도 고치고 돈도 많이 벌고 좋잖아."

"세탁소는 사람 옷을 고치는 건데?"

"야가 자꾸 왜 이려? 잔말 말고 넌 좋은 직업 가져. 알겠지?"

할머니도 엄마와 똑같았다. 우리 주변에서 흔히 보는 직업은 직업 취급도 하지 않았다. 그저 말하기 좋은 직업들만 연신 말했다.

"우리 애기 얼른 들어가서 공부해라! 그래야 훌륭한 사람 되제."

역시 또 마지막 결론은 공부였다. 나는 새삼스러울 것도 없어 방으로 들어갔다. 그리고 조용히 학원 가방을 챙겨 밖으로 나갔다.

내가 원하는 꿈은?

일주일에 한 번 가는 독서 논술 학원은 집에서 10분 거리다. 그래서 보통 혼자 슬렁슬렁 걸어가는데 어떤 날은 정신없이 뛰어가느라

아무것도 보지 못한다. 하지만 오늘처럼 머릿속에 온갖 생각들이 가득 차 있으면 주변을 둘러보며 걷게 된다.

학교에서 집으로 올 때와는 다르게 날씨가 쌀쌀했다. 나도 모르게 걸음이 빨라졌다. 도로변에 트럭을 두고 과일을 파는 아저씨의 모습이 눈에 들어왔다. 두 명의 아주머니들에게 과일에 대해 열심히 설명해 주고 있었다.

"가만 보면 저 아저씨는 참 친절해."

나도 모르게 혼잣말이 나왔다. 과일 트럭 아저씨는 언제 봐도 누구에게나 친절했다. 게다가 과일도 항상 싱싱하고 맛 좋은 걸 갖다 놔 엄마는 가까운 데 마트가 있어도 과일만큼은 아저씨에게 샀다.

"과일 트럭 아저씨의 어렸을 때 꿈은 뭐였을까?"

문득 아저씨의 꿈이 궁금해졌다. 저 아저씨도 어렸을 때 의사나 과학자가 꿈이었을까? 아니면 처음부터 과일 파는 사람이 되고 싶었을까? 손님들을 대할 때 늘 친절하게 웃는 모습인 걸 보면 지금 하는 일이 행복한 걸까? 만약 우리 엄마에게 내가 과일 장사를 한다고 말하면 어떻게 될까?

"으으으윽!"

실제로 엄마한테 말을 한 것도 아닌데 이상하게 고개가 절레절레 흔들어지고 입에서 신음 소리가 나왔다. 말하나 마나, 보나 마나 엄마는 '안 돼!' 소리부터 할 것이다. 아니, 그것만 하면 괜찮다. 그때부터 이어질 잔소리는 평소 내 행동까지 들먹이며 얼마나 길게 이어질지 안 봐도 뻔했다.

천천히 걷는 건 좋은데 가끔 이런 게 안 좋다. 이상하게 온갖 생각들이 꼬리를 문다. 나는 서둘러 학원을 향해 뛰었다.

"어서 와, 태연아! 책은 읽어 왔지?"

논술 선생님이 나를 보자마자 책을 읽었는지부터 확인했다.

"아! 맞다."

까맣게 잊고 있었다.

"태연아, 책 안 읽은 거야?"

"네. 죄송해요. 지금 얼른 읽을게요."

머리를 긁적거리며 논술 선생님을 쳐다봤다. 그러자 선생님이 독서실 쪽을 가리켰다. 독서실은 책을 읽지 않고 온 아이들이 수업 전에 책을 읽을 수 있게 마련된 곳이었다.

나는 독서실에 들어가자마자 가방을 뒤졌다. 가방 안에는 노트 한 권과 필통만 보였다. 그제야 책을 읽으려고 책상 책꽂이에 꽂아 둔 게 생각났다.

"어떡하지?"

선생님께 말하면 책도 안 가져왔다고 혼날까 봐 독서실 안을 둘러봤다. 마침 책꽂이에 읽어야 할 '행복한 청소부'가 보였다. 나는 후다닥 책을 꺼냈다. 힐끔 벽에 걸린 시계도 확인해 봤다. 수업 들어가기 전까지 충분히 읽고 들어갈 만했다.

그런데 가만……. 행복

한 청소부라고? 청소부가 행복하다고? 이게 말이 돼?

무심코 본 제목이 생각의 꼬리를 물었다. 어른들 말대로라면 청소부는 굉장히 힘든 직업이고 공부 못하는 사람이 되는 거라고 했는데, 정말 그런 직업을 가지고도 행복할 수 있다고? 책을 펼치기도 전에 궁금증이 마구 일었다. 집에서 안 읽고 온 내가 원망스러웠다. 빨리 책장을 넘겼다.

다행히 수업 전까지 책을 다 읽을 수 있었고, 수업 시간에 맞춰 교실로 들어갔다. 총 6명이 수업을 듣는데 이미 모두 와 있었다. 물론 책도 다 읽어 왔다.

"자, 본격적으로 수업에 들어가기 전에 우리 책 읽은 소감을 편하게 한 번 이야기 해 볼까? 누구부터 할래?"

선생님이 앉아 있는 우리를 쭉 둘러봤다.

"전요, 좀 말이 안 된다고 생각했어요."

공부 잘하기로 소문난 민웅이가 먼저 손을 들고 말했다.

"왜? 어떤 부분이 말이 안 된다고 생각했어?"

선생님이 바로 되물었다.

"그렇잖아요? 청소부가 행복하다는 게 말이 돼요? 솔직히 청소부는 진짜 공부도 못하는 사람이 하는 거 아닌가요? 근데 청소부를 하면서 행복하다는 건 말이 안 되는 것 같고요. 또 만약 저라면 유명해져서 교수를 하라고 하면 무조건 그 기회를 잡고 교수가 될 것 같아요. 그런데 이 청소부는 그것도 거절했잖아요. 이거야말로 진짜 이상하고 말이 안 된다고 생각해요."

역시 민웅이는 공부 잘하는 아이답게 똑 부러지게 자기 생각을 이야기했다. 선생님도 민웅이 말이 수긍이 가는지 고개를 끄덕끄덕거렸다.

"또 다른 친구는?"

선생님이 남은 아이들을 둘러보며 물었다. 그때 민웅이 맞은편에 앉아 있는 연아가 손을 들었다.

"전요. 되게 재밌게 봤어요. 특히 뭐가 좋았냐면요. 자기가 원하는 걸 하면 무엇을 해도 행복할 수 있다는 게 좋았어요. 그래서 저도 제가 원하는 일을 해야겠다고 생각했어요. 전 이 청소부처럼 알아 가는 재미를 느끼는 공부가 하고 싶어요. 앞으로 잘살기 위해 친구들과 경쟁하면서 공부, 공부 하면서 사는 것 말구요. 저희 엄마는 가끔 우리 반에서 공부 제일 잘하는 아이 이름을 말하면서 공부하라고 하는데 그럴 때마다 그 아이가 미워져요. 걔를 이겨야 하니까요."

아이들의 소감은 여느 때와 달랐다. 대충대충 얼버무려 이야기 하

는 게 아니라 확고하게 자신의 생각을 이야기했다. 그래서 내 차례가 되었을 때 조금 당황스러웠다.

"마지막으로 태연이 한번 말해 볼래?"

다른 아이들의 이야기를 모두 듣고 난 선생님이 내게 물었다.

"음, 전요. 일단 청소부 아저씨의 표정이 부러웠어요. 무얼 하든 행복해하는 모습이 좋아 보였고요. 또 자기가 원하는 일이 남들 눈엔 비록 하찮아 보여도 다른 사람 눈치 안 보는 게 좋았어요. 저는 다른 사람 눈치 보느라 힘들거든요."

"다른 사람 눈치? 이를테면 어떤 것?"

논술 선생님이 내 이야기에 솔깃한 표정으로 물었다.

"얼마 전에 학교에서 장래 희망 발표하는 시간이 있었는데요. 저는 그러니까……."

말을 하다 말고 나를 보고 있는 아이들의 표정을 살폈다. 아니 정확히 말하자면 눈치를 봤다. 혹시나 그때처럼 내 장래 희망을 듣고 아이들이 비웃으면 어쩌나 싶었다.

"그래. 계속 말해 봐."

선생님이 내가 마저 대답할 수 있도록 부드럽게 이끌어 주었다.

"장래 희망이 택배 기사라고 했어요."

"풋!"

역시나 내 발표를 들은 민웅이가 풋 하고 웃었다. 민웅이라면 충분히 그럴 수 있다고 생각했다. 그때처럼 볼이 뜨거워지기 시작했다.

"민웅인 왜 태연이 발표에 웃는 거지?"

선생님이 내 부끄러운 마음을 알아챘는지 바로 민웅이를 보고 되물었다.

"에잇, 그렇잖아요? 택배 기사는 솔직히……."

"택배 기사는 뭐가 그렇다는 건데?"

"아니, 공부도 못하고 또 진짜 가난한 사람이 하는 거 아니에요? 근데 태연이는 그런 직업을 애써 갖는다고 하니까 웃기는 거죠."

선생님의 질문에도 민웅이는 쉽게 물러서지 않았다. 어찌나 또박또박 힘차게 말하는지 그 말에 내가 설득될 뻔했다. 그런데 선생님 표정은 안 좋아 보였다.

"음, 여러분도 민웅이 말이 맞는 것 같아요?"

선생님이 한 사람 한 사람 눈을 맞춰 가며 물었다. 아무도 선뜻 대답을 하지 않았다. 어쩌면 다들 민웅이 말이 맞다고 생각해서 그런지도 몰랐다.

"그냥, 그냥 좀 그래요."

가만히 있던 연아가 눈치를 보면서 말을 얼버무렸다.

"뭐가 그냥 그렇다는 거야. 연아야?"

"솔직히 누가 그런 일을 하고 싶겠어요? 다 편한 일을 하고 싶어 하잖아요. 그치 않냐? 얘들아!"

내내 대답을 안 하던 아이들이 연아의 말에 고개를 끄덕거렸다.

"이 책은 직업에 대한 여러분의 다양한 생각을 나눌 수 있는 아주 좋은 책인 것 같아요. 우리 좀 더 본격적으로 이야기해 봅시다. 사실 여러분에게 지금 내 생각을 이야기해 주면 독서 토론이 될 수 없을 것 같으니까 지금부터는 아예 토론으로 이어 가 보죠."

논술 선생님은 섣부르게 결론을 말하지 않았다. 혹시나 선생님이 내 편을 들어 주나 기대했던 난 조금은 실망했지만 그래도 선생님 말이 맞는 것 같았다. 선생님은 책을 읽고 우리의 생각을 끌어내는 게 독서 토론 수업의 의미라고 늘 말했기 때문이다.

토론 수업은 꽤 길어졌다. 어느 때보다 각자 생각이 거침없이 드러났다. 듣고 있던 선생님은 때로 피식 웃기도 하고, 간혹 미간을 찌푸리기도 하면서 우리 이야기를 귀 기울여 들었다.

"자, 우리가 한 권의 책을 읽고 자기 생각을 말할 때 옳고 그름은

없어요. 내가 맞고 상대의 말이 틀린 게 아니라는 거예요. 다만 나와 생각이 어떻게 다른지 들어 보고, 그 생각을 한 번 더 해 봤으면 좋겠어요."

"선생님, 수업 시간 다 돼 가는데 글쓰기 안 해요?"

민웅이가 시계를 들여다보며 물었다.

"그렇지? 오늘은 여러분이 치열하게 토론하느라 시간이 순식간에 흘러가 버렸어요. 그래서 오랜만에 숙제를 내줄까 하는데, 괜찮죠?"

"아아아아!"

아이들이 하나같이 소리를 질렀다. 나도 숙제는 싫었지만 소리는 지르지 않았다. 그냥 오늘만큼은 집에 가서 내 생각을 정리하고 싶어졌다.

"어허허. 오늘처럼 수업을 잘해 놓고 엄살을 부리면 안 되죠. 자, 숙제는 내가 장래에 정말 하고 싶은 일이 뭔지, 무얼 하면 행복할 것

같은지에 대해 써 오세요. 오늘 수업 여기서 끝!"

논술 선생님은 싱글싱글 웃으며 자리에서 일어났다. 아이들은 어쩔 수 없다는 표정으로 집으로 돌아갔다. 그렇지만 나는 오늘 수업이 꽤 재미있었다. 무언가를 깊이 이야기 나누는 일이 생각보다 재미있다는 걸 처음으로 느꼈다.

꿈을 설계하는 사람

"다녀왔습니다."

"왔니?"

집에 갔는데 엄마가 벌써 와 있었다. 학습지 수업은 늘 늦게 끝나 특별한 일이 아니면 일찍 못 오는 엄마가 있어서 이상했다.

"엄마, 할머니 때문에 일찍 왔어요?"

"아니. 오늘 수업하는 애가 아파서 못한대. 그래서 일찍 왔어. 빨리 가서 손 씻고 밥 먹자. 할머니가 맛있는 거 많이 해 놓으셨다."

엄마가 욕실을 가리키며 얼른 들어가라고 채근했다. 그때 할머니가 식탁에 반찬을 놓으며 한마디 했다.

"나는 다른 사람은 몰라도 넌 이렇게 안 살 줄 알았다. 그렇게 공

부 잘했으면서 이게 뭐야? 이게 뭔 고생이니?"

"아이참, 엄마! 난 뭐 고생하고 싶어서 해요?"

할머니가 엄마에게 이런 잔소리를 하는 것은 처음 봤다. 나는 욕실로 들어가다 말고 뒤돌아봤다.

"엄마! 엄마 진짜 공부 잘했어요?"

"어. 왜?"

"네 엄마 거의 일등만 했지. 공부 하나는 똑소리 나게 했는데 왜 이렇게 사는지 모르겠다. 그러고 보면 김 서방은 마음 편하고 좋겠어. 돈은 펑펑 못 벌어도 지가 하고 싶은 대로 하고 살잖여."

"엄마는 왜 자꾸 지난 일을 들먹이고 그래요? 그리고 김 서방 얘기가 왜 나와요?"

"내가 한이 맺혀서 그런다. 한이."

할머니와 엄마 표정이 안 좋았다. 내가 괜한 걸 물었나 싶었다.

"태연아, 넌 공부 넘 많이 하지 마라. 너 하고 싶은 거 하면서 살아."

"아니, 엄마! 무슨 소리예요? 코피가 터지게 공부해도 잘할 둥 말 둥 하는 애한테 놀면서 하라니 그게 할머니가 할 소리예요? 태연이 너! 거기 서 있지 말고 얼른 씻고 나와. 얼른!"

엄마 목소리가 더 커졌다. 괜히 더 있다간 도리어 혼날 것 같아 후다닥 욕실로 들어갔다. 문을 닫았는데도 한참 동안 엄마와 할머니가 뭐라고 말싸움하는 소리가 들렸다. 나는 손을 씻다 말고 거울을 들여다봤다. 할머니 말에 당황하는 엄마 얼굴이 선하게 떠올랐다.

"그럼 엄마는 꿈을 못 이룬 건가? 가만, 근데 엄마 꿈은 뭐였지?"

갑자기 엄마 꿈이 궁금해졌다. 생각해 보니 나는 한 번도 엄마 꿈이 뭔지 물어본 적이 없었다. 그때 거실에서 엄마가 고함치듯 나를 부르는 소리가 들렸다.

"태연아, 얼른 안 나오고 뭐 해?"

"나가요. 나가."

후다닥 손을 닦고 욕실 문을 열고 나갔다. 거실엔 아까보다 더 맛있는 냄새가 풀풀 풍겼다. 일단 밥부터 먹을까?

밤이 깊어지자 집 안은 그 어느 때보다 조용했다. 평소 할머니가 와 계실 때의 분위기가 아니었다. 평소였다면 엄마와 할머니는 거실에 앉아 텔레비전을 보며 이야기를 나눴을 것이다. 그런데 이렇게 조용한 건? 모르긴 모르지만 엄마가 삐진 것 같았다. 할머니가 오늘따라 아픈 소리를 많이 했기 때문이다. 만약 오늘 할머니가 엄마한테 하듯 엄마가 나한테 그렇게 이야기했다면 나도 한동안 엄마와 말하고 싶지 않을 것 같다.

"엄마 꿈은 뭐였을까?"

문득 엄마에게 미처 물어보지 못했던 엄마의 꿈이 다시 궁금해졌다. 오늘은 참 이상한 날이었다. 우연이겠지만 꿈에 대해 생각해 볼 기회가 자주 주어졌다. 논술 학원에서도 그렇고 집에서도 그렇고.

나는 일기장과 연필을 가지고 침대에 누웠다. 그리고 누워서 조용히 엄마가 좋아할 것 같은 꿈을 상상해 봤다. 엄마는 공부도 잘했다고 했으니까 평소 내게 말하는 직업을 가지고 싶어 했겠지? 음, 그러

니까 하얀 가운에 청진기를 귀에 꽂고 환자를 진료하는 의사? 아니면 법정에서 법사복을 입고 판결을 내리는 판사? 아니면 퀴리 쿠인처럼 실험실에서 실험하는 과학자?

머릿속으로 다양한 엄마의 모습을 상상해 보자, 웃음이 났다. 어쩐지 어울리는 것도 같고 아닌 것도 같고.

"설마 영화배우나 가수는 아니겠지?"

나는 엄마가 영화를 찍는 모습과 무대 위에서 노래 부르는 모습을 상상해 봤다. 고개가 절레절레 흔들어지면서 웃음이 나왔다. 어쩐지 좀 전에 생각했던 모습보다 더 안 어울리고 어색했다.

"헤헤. 그래도 즐겁네."

실실 웃음이 계속 나왔다. 내가 아니라 엄마 꿈을 상상하는 것도 재미가 있었다.

'꿈꾸는 일은 공짜야. 그러니까 맘껏 꿈꿔도 돼.'

지난번에 만났던 경비 할아버지의 말이 떠올랐다.

"아빠 지금 하는 일이 좋아?"

"그럼. 집을 자주 비우니까 엄마한테 미안한 건 있는데, 아빠의 꿈을 이뤘으니까 좋지."

언젠가 여행에서 돌아와 짐을 풀며 말했던 아빠의 말도 떠올랐다.

그때 아빠 얼굴은 햇볕에 그을려서 까맸고 피곤해 보였지만 이상하게 생기 있어 보였다.

그렇다면 지금부터 내가 하고 싶은 걸 생각해 볼까?

눈을 지그시 감았다. 나한테 먼저 질문을 했다.

'너는 커서 뭐 될래?'

내 머릿속으로 제일 먼저 찾아온 모습은 택배 아저씨가 집에 올 때마다 기뻐하는 엄마의 모습이었다. 나는 엄마가 기뻐하는 모습이 좋다. 엄마가 행복하면 나도 행복하다. 그런데 엄마는 내가 택배 기사가 되는 걸 싫어하니 이건 아닌 것 같다.

두 번째로 생각한 건 할머니가 좋아했던 세탁소 아주머니였다. 이미 줄어들어 버린 옷을 원래대로 감쪽같이 돌려놓은 세탁소 아주머니. 요술을 부리는 것처럼 정말 멋진 일이었다. 하지만 이건 또 할머니가 반대를 했으니 엄마를 통과하는 것도 힘들겠지?

"음……. 청소부! 세상의 모든 쓰레기를 완벽하게 청소해 주는 청소부, 그것도 괜찮겠다."

나는 오후에 읽었던 행복한 청소부 아저씨와 추석 때 우리 아파트에 쌓여 있었던 쓰레기를 생각했다. 남들이 보기엔 어떨지 모르겠지만 나한테는 대단한 사람들로 보였다. 그러나 어쩐지 이것도 가족에게 허락을 받지 못할 것 같았다.

"가만!"

누워 있던 나는 벌떡 일어나 앉았다. 생각해 보니까 내가 원하는 꿈인데 늘 마지막엔 가족을 떠올리며 미리부터 포기하고 있단 걸 깨달았다.

"이건 아니야. 내 꿈이잖아? 근데 벌써부터 이러면 안 되지. 그럼!"

혼자 북 치고 장구 치고 하는 기분이었지만 그래도 괜찮았다. 이런 결심이야말로 내게 정말 필요한 것 같았다. 그나저나 나는 뭘 하고 싶지? 무얼 해야 가장 행복할까? 다시 벌러덩 누웠다. 그러곤 한숨 섞인 혼잣말을 내뱉었다.

"아, 누가 나 대신 꿈 좀 설계해 주면 좋겠다……. 어?"

무심코 말을 내뱉었는데 번뜩 한 가지 생각이 스쳐 갔다.

"그래! 꿈 설계사, 그거 좋다. 근데 이런 직업이 있나? 에잇, 없으면 어때? 내가 어른이 돼서 만들면 되지. 아마 나처럼 꿈이 없어 헤매는 아이들한테는 내가 최고로 필요할걸?"

가슴이 두근거렸다. 뭔가 기분이 찌릿하면서 몸이 따듯해졌다. 진짜 내가 하고 싶은 일을 발견한 기분이라는 게 이런 거구나?

나는 침대에서 일어나 책상에 앉았다. 그리고 글쓰기 노트에 논술 선생님이 내준 숙제를 하기 시작했다. 연필 잡은 손이 거침없이 움직였다. 숙제를 이렇게 신나게 할 수도 있구나 생각하니 웃음이 났다.

게다가 첫 번째로 꿈을 설계해 주고 싶은 사람이 떠오르자 큰 소리로 웃음이 나왔다.

"하하하하."

그게 누구냐고? 에헴, 바로 우리 엄마다.

"엄마! 내가 엄마 꿈을 멋지게 설계해 줄게요. 기다려 봐요."

어떤 꿈을 꾸는 게 좋을까요?

한동안 어린이들에게 꿈이 뭐냐고 물으면 '공무원'이라고 대답하는 친구들이 많았어요. 아마도 안정적으로 살기엔 공무원이 최고라는 어른들의 말에 영향을 받아 그런 것 같아요. 그래서인지 그 말을 듣는 순간, 기분이 좋지 않았어요. 한참 도전적인 꿈을 키울 수 있는 나이에 안정적인 삶을 선호한다는 게 어쩐지 안타까웠지요. 적어도 여러분 나이라면 누가 봐도 터무니없고 맹랑한, 그런 꿈을 꿔 보는 게 좋지 않을까요?

그렇다면 우리 친구들은 어떤 꿈을 꾸는 게 좋을까요? 돈을 많이 버는 사람이 되면 좋을까요? 아니면 막강한 권력을 가진 사람이 되는 게 좋을까요? 그도 아니면 남들이 잘 안 하는 독특한 일을 하는 게 좋을까요?

아휴, 참. 질문은 했는데 정답은 저도 모르겠어요. 아니, 정답이라는 게 있을까 싶네요. 질문하고 보니 어떤 게 정답인지 저도 모르겠어요. 다

만, 그랬으면 좋겠어요. 일단 여러분이 꾸는 꿈은 상상만 해도 설레고 행복한 일이면 좋겠어요. 그래서 상상하기만 해도 힘이 불끈 솟고, 뭐든 해내려는 의지가 샘솟았으면 좋겠어요. 또한 꿈을 이루기 위해 노력할 때 힘들어도 힘든 줄 모르고, 혹은 중간에 마음먹은 대로 되지 않아도 쉽게 포기하지 않는 그런 꿈이었으면 좋겠어요. 그래야 더 간절히 원하고 설령 이루지 못하더라도 그 과정 자체를 즐겁게 생각할 것 같아요.

그러려면 일단 그런 꿈이 뭔지부터 찾아야겠지요? 아, 그런데 문제가 있네요. 대체 그런 꿈은 어디에서 어떻게 찾아야 할까요? 음……. 완벽하거나 정확한 답은 아니지만 한 가지 권할 만한 게 있어요. 바로, 책이에요. 특히 여러분이 동화책을 많이 읽었으면 좋겠어요. 이 책뿐만 아니라 다른 동화책도 괜찮아요. 동화책을 많이 읽다 보면 그 속에서 내가 설렌 맘으로 품을 수 있는 꿈을 발견할 수 있을 거예요.

만약 못 찾으면 어떡하냐고요? 그땐 저한테 연락하세요. 못 찾은 꿈, 찾을 수 있도록 도와 드릴게요. 그러니 일단 동화책 속으로 꿈 사냥을 떠나 보세요. 분명 맘에 드는 꿈을 발견할 수 있을 거예요.

동화 작가 임지형

너는 커서 뭐 될래?

초판 1쇄 2019년 7월 17일 | **초판 5쇄** 2025년 7월 5일

글 임지형 | **그림** 영민
펴낸이 양정수 | **편집** 최현경, 윤수지 | **디자인** 추진우 | **마케팅** 양준혁, 변수현
편집 진행 박보람 | **디자인 진행** 꽁 디자인
펴낸곳 노란상상 | **등록** 2010년 1월 8일 (제 2010-000027호)
주소 서울시 영등포구 양평로 157, 1703호
전화 02-797-5713(영업부), 02-2654-5713(편집부)
팩스 02-797-5714 | **전자우편** yyjune3@noransangsang.com
ISBN 979-11-88867-26-4 73810

ⓒ 임지형, 영민 2019

※ 이 책의 국립중앙도서관 출판사도서목록(CIP)은 e-CIP 홈페이지(http://www.ni.go.kr/ecip)에서 이용하실 수 있습니다.(CIP제어번호 : CIP2019022919)
※ KC 마크는 이 제품이 공통 안전 기준에 적합하였음을 의미합니다.
※ 책의 모서리가 날카로워 다칠 수 있으니 던지거나 떨어뜨려 다치지 않도록 주의하세요.

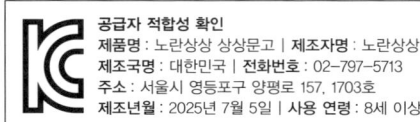